桥艺测试第一辑①

进张管理测试

[英]大卫·伯德
[澳]蒂姆·伯克 著
连若旸 康 蒙 黄水怒 译

成都时代出版社

四川省版权局
著作权合同登记章
图进字 21-2015-177 号

图书在版编目（CIP）数据

进张管理测试 / (英) 伯德, (澳) 伯克著；连若旸, 康蒙, 黄水怒译.
-- 成都：成都时代出版社，2015.12
(桥艺测试. 第一辑)
ISBN 978-7-5464-1495-9

Ⅰ. ①进… Ⅱ. ①伯… ②伯… ③连… ④康… ⑤黄…
Ⅲ. ①桥牌-基本知识 Ⅳ. ①G892

中国版本图书馆 CIP 数据核字（2015）第 230257 号

桥艺测试第一辑①. 进张管理测试
QiaoYi CeShi DiYiJi ①. JingZhang GuanLi CeShi
[英] 大卫·伯德　[澳] 蒂姆·伯克　著
连若旸　康　蒙　黄水怒　译

出品人　石碧川
责任编辑　曾绍东
封面设计　陈二龙
版式设计　陈二龙
责任校对　陈　硕
责任印制　干燕飞

出版发行　成都时代出版社
电　　话　(028) 86619530（编辑部）
　　　　　(028) 86615250（发行部）
网　　址　www.chengdusd.com
印　　刷　三河市华晨印务有限公司
规　　格　140mm×215mm　1/32
印　　张　13.4375
字　　数　430 千字
版　　次　2015 年 12 月第 1 版
印　　次　2015 年 12 月第 1 次印刷
印　　数　1-5000 册
书　　号　ISBN 978-7-5464-1495-9
全套定价　76.00 元（共四册）

前言

本书是桥技进阶丛书第一册《进张管理测试》的配套书籍。本书将为你提供机会去练习那些需要特别关注进张情况的牌例。

在正式进入习题章节之前,我们会先简要回顾一些制造额外进张的技巧。这些技巧可能足以应对本书前面的一些题目，随后将需要运用更高级的技巧。当你开始尝试解题时,如果没有找出致胜打法也不必担心，在随后的解答中将清晰地讲解必要的技巧。

无论你认为本书的解题过程是轻松的漫步还是艰难的跋涉,我们都确信你会享受这段旅程。当下次在桌上遇到类似的局势时，你将能够成功找出解决方案。

目录 Content

如何管理进张

进张管理是制定做庄计划的重要组成部分，它确保你在正确的时机由合适的一方出牌。它包括在单套中的特定技巧——制造额外进张或是避免影响进张的阻塞发生。

下面这个牌例就需要运用这样的技巧：

西	北	东
	♠9 4 3 ♡A J 9 3 ◇J 10 9 ♣6 5 2	
♠6 2 ♡10 8 6 5 ◇7 4 2 ♣10 9 8 4	N W E S	♠K 8 7 5 ♡2 ◇8 6 5 3 ♣A J 7 3
	♠A Q J 10 ♡K Q 7 4 ◇A K Q ♣K Q	

你叫到了6♡，西家首攻♣10到他同伴的♣A。你暗手赢进回攻的梅花，下面的行动是显而易见的——是的，你需要停下来做一个计划！为了避免黑桃输墩，你需要东家持有♠K。但故事并没有结束，如果东家持有四张或更多的黑桃，你需要明手有三个进张，来进行三次黑桃飞牌。

在赢进第二轮梅花后，你用将牌K清一轮将牌。在第四墩时你出♡Q，西家跟牌。此时用明手的♡A盖打是安全的。通过用A超吃Q，你提升了明手的红心J和红心9的价值。事实上，你将它们升级为进入明手所需要的第二和第三个进张。

东家在第二轮将牌时示缺，但这并不构成任何麻烦。你用♠Q飞牌，飞牌成功，正义得到了伸张(你的对手恐怕难以苟同)；你用♡9进行标明的飞牌回到明手，重复黑桃飞牌。最后你用♡J过桥进入明手，再次进行黑桃飞牌。东家确实持有♠K-×-×-×。实践证明，你在将牌花色上的精湛技巧是很有必要的。

有时，进张管理只是按正确顺序出牌的一个华丽表述。当你需要树立明手的一个边花套时，可能需要充分利用明手将牌所提供的进张。

西	北	东
	♠K 9 ♡A 10 5 ◇A 10 8 5 3 ♣8 4 2	
♠10 8 2 ♡Q 9 2 ◇K 4 2 ♣Q J 10 3	N W E S	♠6 3 ♡K J 7 4 ◇Q J 9 6 ♣K 9 5
	♠A Q J 7 5 4 ♡8 6 3 ◇7 ♣A 7 6	

防守你的4♠定约，西家首攻♣Q(的确，3NT定约看上去更加合理，但你更喜欢迎接挑战)。你用♣A赢进，显而易见你有两个红心输墩和两个梅花输墩。你应该如何做庄？

消灭输墩的唯一方法是树立明手的方块套。由于你需要将吃三次方块，并回到明手去兑现建立好的长套赢墩，你需要明手有四个进张。两个红花色的A为你提供了两个进张，另外两个进张只能来源于将牌，这就意味着要进行一次“没有必要的飞牌”。

赢进梅花首攻后，你用◇A过桥并将吃一次方块。现在你非常小心的出黑桃到9。好消息传来——飞牌成功！第二次将吃方块后，出将牌到K，大将吃第三次方块。现在剩下的任务就是清光西家的最后一张将牌，用♡A过桥。随后你可以用树立起来的方块赢墩来垫掉手中的一个输张。如果西家灵机一动首攻高花，将会击败定约。

有些时候，唯一需要进行的进张管理就是让正确的一方来赢进首攻。一位经验不足的牌手可能会在下面的牌例中犯错误：

西	北 / 南	东
	♠A 4 ♡A Q 7 3 2 ◇Q 9 3 ♣A J 9	
♠Q 10 8 6 5 3 ♡J 9 6 ◇8 ♣Q 6 2	N W E S	♠9 7 ♡K 10 5 4 ◇A 7 5 ♣K 10 8 5
	♠K J 2 ♡8 ◇K J 10 6 4 2 ♣7 4 3	

防守 **3NT** 定约，西家首攻♠**6**。你用手中的♠**J** 赢进并停下来思考如何做庄。你真的这样做了吗？为时已晚！当你树立方块套时，东家会忍让到第三轮。由于南家再也无法进手，你只能得到两墩方块。没有任何办法能够起死回生。

制定做庄计划的正确时点是在你让明手出第一张牌之前。在方块套以外，你有四个顶张赢墩；再加上五墩方块，你将轻松完成定约。为了确保能够有进手兑现树立好的方块赢墩，你应该用明手的♠**A** 赢进首攻。这样东家的方块 **A** 是否忍让两轮毫无差别。当你再次上手时，可以用♠**K** 过桥进入南家。

接下来让我们看一些在一门花色中避免阻塞的打法。在下面这副牌例中，你能发现定约的潜在风险么？

西	北 / 南	东
	♠A 7 5 3 ♡J 8 5 ◇K 10 ♣J 5 4 2	
♠Q 10 8 ♡2 ◇J 8 5 4 3 ♣10 9 8 3	N W E S	♠K 9 6 ♡K 6 4 3 ◇9 7 6 2 ♣7 6
	♠J 4 2 ♡A Q 10 9 7 ◇A Q ♣A K Q	

略微有一点冒进，你们叫到了 6♡。西家首攻♣10，你计划如何完成定约？

你在黑桃中有两个潜在输墩，在将牌中有一个。你需要用明手的第四张梅花垫掉一个黑桃输墩，并通过对东家的将牌 K 进行飞牌，来确保将牌一墩不输（你只能希望东家持有 K）。

你暗手赢进梅花首攻，用◇K 超吃◇Q 过桥到明手。假设你接下来引♡J，并在东家不盖打时，从手中跟出♡7——你已经打宕了定约。尽管飞牌成功，但当你再次进行飞牌时，不得不停在南家。明手只剩下一个进张（♠A），但你不能用这个进张来进行第三次将牌飞牌——因为你需要用最后的这个进手来兑现解封后的♣J。

当你在第三墩引出♡J 时，你应该从暗手跟出♡10 或者♡9。随后你可以出♡8，手中跟♡7。出牌权仍在明手。你在红心中第三次飞牌，并清光东家的最后一张将。下面就是简单兑现手中剩余的两个梅花赢墩，用♠A 进入明手，兑现♣J 垫掉你的一个黑桃输墩，把小满贯收入囊中。

作为小心管理进张的最后一个例子，我们来看一个常用的技巧——用不必要的大牌来赢进。这样做的目的是提升明手的次级大牌使其成为进手。

	♠Q 10 7 3 ♡7 5 2 ◇10 7 6 ♣K 10 2	
♠2 ♡9 6 3 ◇J 8 5 4 ♣Q 8 7 5 3	N W E S	♠K 9 8 6 4 ♡4 ◇Q 9 2 ♣J 9 6 4
	♠A J 5 ♡A K Q J 10 8 ◇A K 3 ♣A	

防守你的红心小满贯，西家首攻♠2。或许你会认为从明手出♠10 不会有任何坏处——如果你这样做了，你就将打宕定约！

东家知道这一首攻要么是单张，要么是出从♠J-5-2(看起来不太可能)。无论是哪种情况，打出他的♠K 都没有任何好处。于是他会放小——而无论你如何挣扎，你的定约将不可能完成，丢一墩黑桃和一墩方块（或者如果你尝试在第二墩进行黑桃飞牌的话，将被将吃并再输一墩方块)。

为了确保完成小满贯，在第一墩时你不仅需要从明手放小，暗手还必须用 A 赢进。后续就不需要什么魔法了。你清光将牌，兑现♣A 后引♠5 到明手的♠10。不论东家是否用♠K 赢进这一轮，你都能够进入明手，并用♣K 来垫掉一个方块输墩。

如果西家是从 K-×-×-×中进行的首攻，显然应该采用一模一样的打法。除非你在第一墩时用 A 赢进，否则西家可以阻止明手进手。

在这章概述中，我们介绍了一些关于进张管理的基本思路。你可以通过接下来的三十六道习题来检验自己进张管理的能力，看看你是否精于此道。如果你感到有些题目有点复杂，不必着急。通过阅读答案以及学习我们对于制胜打法的解说，这些牌例对你来说在未来将会变得非常简单。祝你好运！

习题 1

♠K Q J 10 4
♡7 2
◇A K 5
♣10 9 6

首攻◇J

♠A 5 2
♡K 5
◇7 6 2
♣A K Q 8 4

西	北	东	南
			1NT
不叫	2♡*	不叫	2♠
不叫	3NT	不叫	4♣
不叫	4◇	不叫	4♡
不叫	6♠	全不叫	

西家首攻◇J，你计划如何完成黑桃小满贯？

习题 2

♠4 2
♡A 5 3 2
♢A 8 6 5
♣Q J 5

首攻♡10

♠A Q J 7
♡K Q J 7 6
♢Q 2
♣A 4

西	北	东	南
			1♡
不叫	3♡	不叫	3♠
不叫	4♢	不叫	4NT
不叫	5♡*	不叫	6♡
全不叫			

防守 6♡,西家首攻♡10。你计划如何做庄?

习题3

♠J 10 3 2
♡8 7 4 3
◇10 7 5 3
♣6

首攻◇2

♠A Q
♡A K Q 10 9
◇A K 6 4
♣A K

西	北	东	南
			2♣
不叫	2◇	不叫	2♡
不叫	4♡	不叫	6♡
全不叫			

防守你的红心小满贯，西家首攻◇2。你计划如何做庄？

习题 4

♠9 7 5 4
♡10 8 3
◇4 3
♣Q J 10 3

首攻◇6

♠A K 6 3
♡A K Q J 9 7 2
◇A K
♣—

西	北	东	南
			2♣
不叫	2◇	不叫	2♡
不叫	2NT	不叫	3♠
不叫	4♡	不叫	6♡
全不叫			

防守6♡，西家首攻◇6。你如何规划做庄路线？

解答 1

♠K Q J 10 4
♡7 2
◇A K 5
♣10 9 6

西	东
♠9 8 7 3	♠6
♡A 10 4 3	♡Q J 9 8 6
◇J 10 9 3	◇Q 8 4
♣5	♣J 7 3 2

♠A 5 2
♡K 5
◇7 6 2
♣A K Q 8 4

西	北	东	南
			1NT
不叫	2♡*	不叫	2♠
不叫	3NT	不叫	4♣
不叫	4◇	不叫	4♡
不叫	6♠	全不叫	

你的 4♣扣叫确定黑桃为将牌，并且显示有满贯兴趣。西家首攻◇J，你计划如何完成 6♠？

如果你可以全取五墩梅花，总赢墩数将达到十二墩。如果梅花 3-2 分布不存在任何问题。但如果东家原始持有♣J-×-×-×，你必须防止阻塞。赢进首攻后清四轮将牌，现在出♣10 到♣A。通过垫掉♣10，你已经开始为用♣8 飞牌做好了一部分准备工作。接下来你兑现♣K，从明手垫掉♣9——西家的确在这轮牌上示缺。你用方块回到明手，引出♣6 到手中的♣8 进行飞牌。全取五墩梅花，将小满贯收入囊中。

如果你没有保留你的♣6，在第三轮梅花上明手的♣10 或♣9 就将赢进。由于暗手没有确定的进张来兑现所剩的梅花赢墩，你不得不冒险将希望寄托于跳中♡K。

(如果西家原始持有♣J-×-×-×，你就通过一次将吃建立好梅花，并朝♡K引小红心，希望一切如愿)

解答2

	北	
	♠4 2 ♡A 5 3 2 ♢A 8 6 5 ♣Q J 5	
西 ♠10 8 5 ♡10 9 8 ♢K 9 7 ♣K 10 9 6	N W E S	东 ♠K 9 6 3 ♡4 ♢J 10 4 3 ♣8 7 3 2
	南 ♠A Q J 7 ♡K Q J 7 6 ♢Q 2 ♣A 4	

西	北	东	南
			1♡
不叫	3♡	不叫	3♠
不叫	4♢	不叫	4NT
不叫	5♡*	不叫	6♡
全不叫			

防守你的红心小满贯，西家首攻♡10。显然你一定需要♠K的位置有利。你如何规划做庄路线？特别是你应该如何管理明手原本就不充裕的进张？

用K赢进将牌首攻，出将牌到A过桥。你用♠Q飞牌，非常高兴的看到飞牌成功，并用Q清光最后一张将。现在如何继续？如果你用♢A过桥重复黑桃飞牌，你的定约将宕掉。由于已经有了一个暴露的方块输张，你将不得不依赖于梅花飞牌的成功来完成满贯。你应该出梅花A和小梅花，建立起第二个梅花赢墩来垫掉手中的方块。在任何回牌下，你的定约都将安全无虞。比如说西家回攻梅花，你就赢进并垫掉你的方块输张。随后你可以重复黑桃飞牌，并让明手将吃你的最后一张黑桃。

解答 3

北：
♠J 10 3 2
♡8 7 4 3
♢10 7 5 3
♣6

西：
♠K 9 7 5
♡J 6 5
♢2
♣J 9 8 7 2

东：
♠8 6 4
♡2
♢Q J 9 8
♣Q 10 5 4 3

南：
♠A Q
♡A K Q 10 9
♢A K 6 4
♣A K

西	北	东	南
			2♣
不叫	2♢	不叫	2♡
不叫	4♡	不叫	6♡
全不叫			

防守你的红心小满贯，西家首攻♢2，你用 A 赢进东家的♢8。随后你调三轮将清光王牌，现在如何继续？

当你看了答案之后，会发现这手牌并不困难。你需要出黑桃 A 和 Q，建立起明手的两个黑桃赢墩。随后你可以通过将吃第二轮梅花进入明手，用黑桃 J 和 10 垫掉两个方块输张。

如果西家持♠K 忍让，试图挫败你的计划怎么办？这的确是一个好的防守，但在这副牌中不起作用。在黑桃套中减少了一个输墩后，你可以用第二轮梅花垫掉一张明手的方块。接下来出方块 K 和小方块，你将能够让明手将吃你的最后一张方块。

解答 4

	♠9 7 5 4 ♡10 8 3 ◇4 3 ♣Q J 10 3	
♠2 ♡5 4 ◇J 9 7 6 2 ♣A 9 6 4 2	N W E S	♠Q J 10 8 ♡6 ◇Q 10 8 5 ♣K 8 7 5
	♠A K 6 3 ♡A K Q J 9 7 2 ◇A K ♣—	

西	北	东	南
			2♣
不叫	2◇	不叫	2♡
不叫	2NT	不叫	3♠
不叫	4♡	不叫	6♡
全不叫			

防守 6♡，西家首攻◇6。你计划如何做庄？

一条路线是赢进后清光将牌，希望黑桃是 3-2 分布，这只有 68%的成功机率；更好的路线是进行两次梅花中的将吃飞牌。只要东家持有至少一张梅花顶张大牌，你就可以建立起一墩梅花，来作为你的第十二墩牌。东家原始持有至少一张梅花大牌的概率是 74%。由于西家如果持有♣A-K，他几乎必然首攻梅花，因此现在成功的机会飙升至几乎 100%。

你需要三个进张进入明手——两次用来引出梅花大牌、一次用来兑现树立好的梅花赢墩。赢进方块首攻后，用明手的♡10 盖打暗手的♡9。当两位防守人在第一轮红心上都跟出时，你可以确定明手已有三个进张。你引出♣Q 垫掉手中一张黑桃，西家用♣A 赢进并再次回攻方块。你在南家赢进，出♡7 到明手的♡8。当你打出♣J时，东家用♣K盖吃(如果他选择不盖，你将垫掉你的最后一个黑桃输张)。你让南家用大将牌将吃，并出♡2到明手的♡3。你将最后的黑桃输张垫在明手的♣10下，摊牌成约。

习题 5

♠A Q J 6
♡A Q J 8
◇8 7
♣A K Q

首攻◇Q

♠10 9 5 4
♡K 5 4 2
◇A 5
♣J 8 5

西	北	东	南
	2♣	不叫	**2NT**
不叫	**3♣***	不叫	**3♡**
不叫	**6♡**	全不叫	

西家首攻◇Q 对抗你的边缘红心小满贯。你计划如何做庄，来使自己获得最大机会？

习题 6

♠A 7
♡A 7 2
◇K Q 9 7 6
♣A 10 6

首攻♣K

♠K Q 8 4 3 2
♡K 3
◇A
♣9 5 4 2

西	北	东	南
			1♠
不叫	2◇	不叫	2♠
不叫	3♣	不叫	3♠
不叫	6♠	全不叫	

西家首攻♣K，你计划如何完成这一黑桃小满贯？

习题7

♠J 7
♡9 2
◇A K 3
♣A 9 8 5 4 3

首攻♣K

♠A 2
♡A K Q J 7 5 3
◇7 5 2
♣7

西	北	东	南
	1♣	不叫	2♡
不叫	3♣	不叫	3♡
不叫	4◇	不叫	6♡
全不叫			

防守你的红心小满贯，西家首攻♣K。你计划如何做庄？

习题 8

♠A 6 3 2
♡7 4 2
◇5 2
♣J 9 6 3

首攻◇J

♠K Q J 9 7
♡A Q 5
◇A K
♣Q 10 5

西	北	东	南
			2NT
不叫	3♣	不叫	3♠
不叫	4♠	全不叫	

防守你的黑桃成局定约，西家首攻◇J。你计划如何完成这一定约？

解答5

♠A Q J 6
♡A Q J 8
◇8 7
♣A K Q

♠K 8 7 3
♡3
◇Q J 10 9 3
♣9 7 4

♠2
♡10 9 7 6
◇K 6 4 2
♣10 6 3 2

♠10 9 5 4
♡K 5 4 2
◇A 5
♣J 8 5

西	北	东	南
	2♣	不叫	2NT
不叫	3♣*	不叫	3♡
不叫	6♡	全不叫	

防守你的红心小满贯，西家首攻◇Q。你和你的搭档都是低限，你立即发现完成定约需要♠K的位置有利。是该看下一个题目的时候了么？别着急！如果西家持有四张黑桃带K，你将需要在这门花色中进行三次飞牌。你如何规划南家的进张？

假设你赢进方块首攻，用A和Q清两轮将牌，西家在第二轮示缺。你继续用J和K清光剩余的将牌，并打出♠10。西家会放小让你的♠10赢得这一墩。当你重复飞牌时，你将不得不在明手赢进。东家示缺，而你无法再次进行黑桃飞牌——定约宕一！

一旦你预见到这个问题，解决它并不困难。在第二墩时，你必须充分利用南家进手的机会，出一张小黑桃到明手的♠Q进行一次飞牌。接下来你清四轮将牌，止于暗手。现在你可以在这门花色的第二轮中引出♠10。你飞过，东家示缺，但已经无碍。你停在正确的一方，可以进行第三次黑桃飞牌并完成你的满贯。

解答6

	北	
	♠A 7 ♡A 7 2 ◇K Q 9 7 6 ♣A 10 6	
♠5 ♡J 8 6 4 ◇J 5 3 2 ♣K Q J 3	N W E S	♠J 10 9 6 ♡Q 10 9 5 ◇10 8 4 ♣8 7
	♠K Q 8 4 3 2 ♡K 3 ◇A ♣9 5 4 2	

西	北	东	南
			1♠
不叫	2◇	不叫	2♠
不叫	3♣	不叫	3♠
不叫	6♠	全不叫	

叫牌进程可能有些瑕疵，但最终定约看起来没有问题。西家首攻♣K，你计划如何做庄？

如果将牌是3-2分布，十二墩唾手可得。你需要把精力转向如何防范将牌4-1分布上。在这种情况下，你需要垫掉你全部的三个梅花输张。明手的◇K-Q提供了两个垫牌机会，你还要树立起一个长方块赢墩来提供一个你所需要的额外垫牌。

为了避免出现进张问题，你需要在发现将牌4-1分布之前就先做好救援计划。赢进梅花首攻，出方块到◇A。接下来通过兑现将牌K和A来检验将牌分布。如果将牌是3-2分布，就用♡K回手，简单地清光最后一张将牌。

当西家在第二轮将牌示缺后，兑现方块K和Q，垫掉两张梅花。接着你继续出第四轮方块。东家用他原本确定的将牌赢墩将吃不会有任何好处，因为你可以简单地垫掉你手中的最后一张梅花。因此东家只得垫牌，你手上将吃。现在你用♡A过桥到明手，并打出第十三张方块。无论东家是否将吃，你都垫掉手中的最后一张梅花。正如你所见到的，明手的每一个进张都非常宝贵。如果你浪费掉♠A这一进手，定约将无法完成。

解答7

	北	
	♠J 7 ♡9 2 ◇A K 3 ♣A 9 8 5 4 3	
西 ♠K 9 5 ♡10 6 ◇Q 9 8 4 ♣K Q J 6		东 ♠Q 10 8 6 4 3 ♡8 4 ◇J 10 6 ♣10 2
	南 ♠A 2 ♡A K Q J 7 5 3 ◇7 5 2 ♣7	

西	北	东	南
	1♣	不叫	2♡
不叫	3♣	不叫	3♡
不叫	4◇	不叫	6♡
全不叫			

诚然，这一满贯定约是不合格的，但如果你能够取得十二墩牌，就没有必要对叫牌做事后检讨了。西家首攻♣K，你计划如何完成定约？

你在黑桃和方块中各有一个输张，唯一切实可行的路线就是树立起明手的梅花套。你用明手的♣A 赢进首攻后，立刻将吃一次梅花，两个防守人都跟出了。接下来，你用◇A 过桥，并再次将吃梅花。如果梅花是 3-3 分布，你可以清光将牌后用方块进入明手。如牌型表所示，东家示缺，你用大将牌将吃，精心保留手中的♡7-5。

你还剩下的机会是将牌 2-2 分布，并且西家持有♡10。抱着这种希望，你朝明手的♡9 引出小将牌。现在防守方已无法击宕定约。假设西家上♡10，并回攻一张方块。你用明手的◇K 赢进，再次将吃梅花建立好这门花色。接下来你用♡9 回到明手，与此同时清光了防守方的将牌。现在你可以用已经树立的两个梅花赢墩,垫掉手中的黑桃和方块输张了(幸亏西家没有首攻黑桃、方块或♡6!)。

解答8

北：
♠A 6 3 2
♡7 4 2
♢5 2
♣J 9 6 3

西：
♠8
♡K 9 8 3
♢J 10 9 7 4
♣A 8 4

东：
♠10 5 4
♡J 10 6
♢Q 8 6 3
♣K 7 2

南：
♠K Q J 9 7
♡A Q 5
♢A K
♣Q 10 5

西	北	东	南
			2NT
不叫	**3♣**	不叫	**3♠**
不叫	**4♠**	全不叫	

防守你的黑桃成局定约，西家首攻♢J，你在南家赢进。你有两个潜在的红心输墩和两个确定的梅花输墩。你如何能够使总输墩数从四个减少到三个呢？一种可能是进行红心飞牌——但这需要靠运气，你更希望的是利用明手的梅花长套来垫掉一个红心输张。

假设你用A、K、Q清将。在精准的防守下，你的定约将宕掉。在你出♣Q时，防守方将会让你得到这一墩；兑现另外一个方块顶张后再次出梅花，现在防守方连取A和K，并让东家出♡J脱手。由于现在明手已经没有了♠A这个进张，将无法兑现已经树立的梅花赢墩。

所以你应该用K、Q、J清将。你兑现另外一个方块大牌后，打出♣Q。如果东家用K赢进第一或第二轮梅花，并换出♡J，你就上♡A站住。当西家用♣A赢进梅花时，他将无法有效地继续攻击红心，你将完成定约。

假设与此相反是西家赢进了第一轮梅花，并安全的继续出梅花脱手。在东家赢进第三轮梅花并转攻♡J时，你可以用♡Q飞牌来寻求超墩。由于还保有♠A这一进手，能够兑现建立好的梅花赢墩来垫掉你手中剩余的红心输张，十墩牌已确保无疑。

习题9

♠8 7 3 2
♡Q 7 4 2
◇A 7
♣8 5 4

首攻♡K

♠K Q J 10 9 4
♡6
◇K 8 3
♣A Q 2

西	北	东	南
			1♠
2♡	2♠	不叫	4♠
全不叫			

防守你的黑桃成局定约，西家首攻♡K。随后他换攻将牌A和另一轮将牌。你计划如何完成定约？

习题10

	♠Q 8 5 ♡J 5 ◇10 4 ♣K Q J 5 3 2	
首攻♠4	N W E S	
	♠K 10 6 ♡A K 6 2 ◇A K 8 ♣10 9 4	

西	北	东	南
			1NT
不叫	3NT	全不叫	

防守 3NT,西家首攻♠4,东家出♠9。你计划如何做庄?

习题11

♠7 5 4
♡4 3
◇Q 8 6 5
♣A K 6 5

首攻◇9

♠A K Q J 10
♡K 8
◇A K 7 4
♣10 4

西	北	东	南
		2♡*	加倍
不叫	3♣*	不叫	3♠
不叫	4♠	不叫	4NT
不叫	5◇*	不叫	6♠
全不叫			

防守你的黑桃小满贯,西家首攻◇9。你计划如何完成定约?

习题 12

♠J 9 7
♡8 5 2
◇K 7 2
♣10 6 4 2

首攻♠4

♠K 6 5
♡A Q 3
◇A 6 5
♣A Q J 5

西	北	东	南
			2NT
不叫	3NT	全不叫	

防守 3NT，西家首攻♠4，东家用 A 赢进。你计划如何完成定约？

解答9

♠8 7 3 2
♡Q 7 4 2
◇A 7
♣8 5 4

西		东
♠A 5		♠6
♡A K J 9 5 3		♡10 8
◇10 6		◇Q J 9 5 4 2
♣K 10 7		♣J 9 6 3

♠K Q J 10 9 4
♡6
◇K 8 3
♣A Q 2

西	北	东	南
			1♠
2♡	2♠	不叫	4♠
全不叫			

防守你的黑桃成局定约，西家首攻♡K。随后他换攻将牌A并出另一轮将牌。你计划如何完成你的定约？

总体思路是消去方块并用第四轮红心投入西家，同时手中垫掉♣2。随后西家将不得不引梅花进入A-Q间张或是送给你一个将吃垫牌。

由于你需要手上将吃两次红心，你必须小心地使用明手的进张。当西家在第二墩打出将牌A时，你必须扔掉手中的♠9。随后你就可以用明手的♠8赢进将牌续攻，并将吃一次红心；你用◇A回到明手，再将吃一次红心；接着兑现◇K让明手将吃一次方块——你得以第三次进入明手。

最后，你打出♡Q并从手中垫掉♣2。现在你的明暗两手都只剩下了黑花色的牌张。伟大的时刻降临了，你达到如下终局：

♠7
♡Q
◇—
♣8 5 4

♠—
♡A J
◇—
♣K 10 7

♠—
♡—
◇J
♣J 9 6 3

♠J 10
♡—
◇—
♣A Q 2

你从明手打出♡Q,并从手中垫掉♣2。西家用♡A 赢进,并遭到投入。如果他出梅花脱手,你手中的牌就全好了;如果他出一张红花色的牌,你就让明手将吃,手中垫掉♣Q。

解答 10

♠Q 8 5
♡J 5
◇10 4
♣K Q J 5 3 2

♠A J 7 4 3
♡8 7 4
◇Q 5 3 2
♣7

♠9 2
♡Q 10 9 3
◇J 9 7 6
♣A 8 6

♠K 10 6
♡A K 6 2
◇A K 8
♣10 9 4

西	北	东	南
			1NT
不叫	3NT	全不叫	

由于只有 9 个大牌点且无单张,不必幻想需要十一墩的低花成局定约,北家没有介绍他的梅花套,而是直接加叫到 3NT。西家首攻♠4,东家出♠9。你的做庄计划是什么?

实战中的庄家为了展示他的专业水平,打得飞快。他迅速地用

♠10 赢进首攻，并出梅花到 K，赢得了这一墩。东家持 A 继续忍让第二轮梅花，定约已经无法完成。当顶出最后一张梅花后，东家打出他剩下的那张黑桃穿梭南家的♠K-6。南家出♠K 希望能有好运，但西家忍让他的 A 来扼杀掉明手的黑桃进张。庄家在每门花色都只有两墩牌，总共八墩，定约宕一！他做庄的速度的确让人印象深刻，但技巧拙劣。

几乎可以肯定西家持有♠A(事实上如果他的♠4 真的出自长四，十一法则已经告诉了你他一定持有♠A)。因此你应该用♠K——一张不必要的大牌，赢进首攻。和前面一样，东家忍让梅花 A 直到第三轮。但无论防守方接下来如何行动，你都可以用♠Q 进入明手。第一墩保留♠K 将阻碍你使用♠Q 作为明手的进张。当你在这门花色中持有 K-J-×时，你应该做出完全一样的打法——用♠K 赢进。

解答 11

西	北	东
	♠7 5 4 ♡4 3 ◇Q 8 6 5 ♣A K 6 5	
♠9 8 6 2 ♡J 7 5 ◇9 ♣Q 9 8 3 2	N W E S	♠3 ♡A Q 10 9 6 2 ◇J 10 3 2 ♣J 7
	♠A K Q J 10 ♡K 8 ◇A K 7 4 ♣10 4	

西	北	东	南
		2♡*	加倍
不叫	3♣*	不叫	3♠
不叫	4♠	不叫	4NT
不叫	5♣*	不叫	6♠
全不叫			

在对弱二阻击开叫进行加倍后，南北方使用莱本索尔约定叫。北家的3♣应叫显示他持有8-10个大牌点。对于罗马关键张问叫采用1403的回答方式，他的5♣叫品显示有1个或4个关键张。当西家首攻◇9,你计划如何完成6♠定约？

你的第一项工作就是解读首攻。这无疑是一个单张，否则西家通常会首攻同伴开叫的花色。因此你必须用明手的◇Q赢进首攻,保留方块A和K以盖吃东家的J和10。问题到此为止了吗？还没有。因为在后面的打牌过程中,你需要从明手引三次牌——两次出方块,一次朝♡K引红心。只有你在第一轮时解封◇7,一切才可能实现！

在第一墩完成了这一壮举后,你清四轮将牌,从明手垫掉一张红心(或梅花)。你用梅花过桥到明手,打出◇8。如果东家放小,你飞牌成功直接取到了这一墩,就接着朝♡K引出小红心。假设东家用◇10盖打,你就赢进,并用♣K回明手,继续出◇6。如果东家再次用◇J盖打,你还可以用◇5超吃◇4过桥来跳红心K。

解答12

	北	
	♠J 9 7 ♡8 5 2 ◇K 7 2 ♣10 6 4 2	
西 ♠Q 10 8 4 2 ♡J 9 6 ◇Q 9 3 ♣9 3	N W E S	**东** ♠A 3 ♡K 10 7 4 ◇J 10 8 4 ♣K 8 7
	♠K 6 5 ♡A Q 3 ◇A 6 5 ♣A Q J 5	

西	北	东	南
			2NT
不叫	3NT	全不叫	

防守你的 3NT 定约，西家首攻♠4，东家用黑桃 A 赢进。和预期的一样，20 个大牌点对 4 个大牌点的定约前景不会太好。在黑桃和方块的三个赢墩之外，你还需要四墩梅花和两墩红心。

明手缺乏进张，如果你在东家的♠A 上扔掉♠K，就可以帮助自己挽救革命。这样做的目的是提升明手的♠J，使它成为进张。防守方现在已无法击宕定约。让我们假设东家回攻♠3，西家用 Q 赢进并回黑桃给明手的 J。

这时没有必要出♣10（当东家持有单张♣K 时会遭到损失）。出小梅花到 Q，赢得这一墩；用◇K 回到明手，出梅花到 J，两个防守人都跟出。现在梅花 A 将会击落东家的 K，你可以出梅花到 10 再次回到明手，来进行红心飞牌。由于牌张分布得如此友好，你完成这一成局定约。

假设东家换攻方块，打法非常相似。你用◇K 赢进并出小梅花到 Q，接下来你出黑桃，为明手创造出一个额外的进张。当你最终用黑桃进入明手后，你就重复梅花飞牌。和之前一样，你可以在第四轮梅花上用♣10 再次进入明手，进行红心飞牌。

习题13

♠5
♡A J 9 6 2
◇A 7
♣A 10 9 7 6

首攻◇K

♠A K Q J 10 7 3
♡4
◇J 5 4
♣K 4

西	北	东	南
			1♠
不叫	2♡	不叫	4♠
不叫	6♠	全不叫	

防守你的黑桃小满贯，西家首攻◇K。你计划如何做庄？

习题 14

	♠J 2 ♡A Q 4 3 ◇6 2 ♣A K J 8 3
首攻♠K	N W E S
	♠A 7 4 3 ♡K 9 8 6 5 2 ◇K Q 3 ♣—

西	北	东	南
	1♣	不叫	**1♡**
1♠	**3♡**	不叫	**6♡**
全不叫			

防守 6♡西家首攻♠K。你计划如何完成这一定约?

习题15

♠Q 10 6
♡A J 10 9 8 4
♢5 3
♣K 4

首攻♠8

♠A J 4
♡K
♢A K 9 2
♣J 8 7 3 2

西	北	东	南
		1♠	不叫
不叫	2♡	不叫	3NT
全不叫			

防守3NT,西家首攻♠8。你计划如何做庄?

习题16

♠A 6
♡J 4 2
◇K 9 6 5 2
♣K 7 3

首攻♣Q

♠K Q J 10 9 7
♡A 5
◇A 3
♣A 8 5

西	北	东	南
			1♠
不叫	2◇	不叫	3♠
不叫	4♠	不叫	6♠
全不叫			

防守你的黑桃小满贯，西家首攻♣Q。你计划如何做庄？

解答 13

	北	
	♠5 ♡A J 9 6 2 ◇A 7 ♣A 10 9 7 6	
♠8 6 4 ♡K 10 7 ◇K Q 10 8 3 ♣5 2	N W E S	♠9 2 ♡Q 8 5 3 ◇9 6 2 ♣Q J 8 3
	♠A K Q J 10 7 3 ♡4 ◇J 5 4 ♣K 4	

西	北	东	南
			1♠
不叫	2♡	不叫	4♠
不叫	6♠	全不叫	

防守你的黑桃小满贯，西家首攻◇K。你在方块套上有两个潜在输墩，必须想办法减少为一个。如果防守方允许，你可以用明手的单张将牌将吃第三轮方块。否则你就必须建立起一个梅花长套赢墩来垫掉方块。

假设你赢进第一轮方块——这将扼杀你预期的两条做庄路线。如果你继续送出一轮方块，防守方将赢进并清掉明手的将牌。当梅花是 4-2 分布时，你将没有足够的进张来转变计划树立梅花套。

你应该忍让第一轮方块。西家能如何应对呢？他可以换攻将牌来阻止明手将吃，但与此同时◇A 的进张将得以保留。随后你就可以清光将牌，将吃两次来建立起一个梅花长套赢墩，最终用剩下的某个红花色的 A 回到明手来兑现梅花。如果西家不清将而是继续出方块打掉进张，你可以转而将吃一次方块。

解答 14

西	北	东	南
	♠J 2 ♡A Q 4 3 ◇6 2 ♣A K J 8 3		
♠K Q 9 8 5 ♡7 ◇A 9 5 ♣10 9 5 4		♠10 6 ♡J 10 ◇J 10 8 7 4 ♣Q 7 6 2	
			♠A 7 4 3 ♡K 9 8 6 5 2 ◇K Q 3 ♣—

西	北	东	南
	1♣	不叫	1♡
1♠	3♡	不叫	6♡
全不叫			

防守你的红心小满贯，西家首攻♠K。这是一个激进的定约，前景让人心惊肉跳。你计划如何做庄？

你必须尝试树立明手的梅花套。如果防守方的梅花是4-4分布，或者♣Q能够在前三轮跌落，你就能够垫掉南家手中全部的三个黑桃输张。由于明手非常需要进张，你一定要记得保留暗手的♡2，以便后期用它来过桥下到桌上。

你用A赢进黑桃首攻，出♡5到明手的♡A，两位防守人都跟出。接下来你用♡6将吃一轮梅花，并出♡8到♡Q回到明手。当兑现♣A和♣K时，防守方均跟出。你垫掉手中两个黑桃输张，并用♡9将吃一轮梅花。太棒了！梅花是4-4分布，现在只需最后收网。你出♡2到♡3过桥到明手，给现场的众人留下深刻的印象。随后你用树立好的梅花赢墩垫掉你手中最后一个黑桃输张，并在暗手将吃一次黑桃。最后的任务是出◇K，顶出A。在取得◇Q之后，你可以让明手将吃你的最后一张方块。

解答 15

北
♠Q 10 6
♡A J 10 9 8 4
◇5 3
♣K 4

西
♠8 5
♡Q 7 3 2
◇10 7 6 4
♣10 9 5

东
♠K 9 7 3 2
♡6 5
◇Q J 8
♣A Q 6

南
♠A J 4
♡K
◇A K 9 2
♣J 8 7 3 2

西	北	东	南
		1♠	不叫
不叫	2♡	不叫	3NT
全不叫			

或许你应该找到一条路叫到4♡定约，但最终你停在了更难完成的3NT定约上。西家首攻♠8,你的做庄计划是什么？

你必须在明手缺乏进张的情况下树立起红心套。实际上,你需要结合两个创造进张的精妙打法,才能够完成这一定约。首先是从明手出♠6,并用A而不是J赢进西家的♠8。通过这一方式,你可以确保在后期能够用黑桃进入明手。马上将面临下一个精妙的打法——你必须用明手的红心A超吃红心K。随后你就可以顶出♡Q,建立起总共五个红心赢墩。

西家对此无能为力。让我们假设他出方块到J，你用A赢进。你出黑桃到10,无论东家是否赢进这一墩,你最终都可以过桥进入明手。你总共得到两墩黑桃(在这门花色上损失了一墩)、五墩红心和方块A-K。

解答 16

♠A 6
♡J 4 2
◇K 9 6 5 2
♣K 7 3

♠8 3
♡K 9 8
◇J 10 7 4
♣Q J 10 4

♠5 4 2
♡Q 10 7 6 3
◇Q 8
♣9 6 2

♠K Q J 10 9 7
♡A 5
◇A 3
♣A 8 5

西	北	东	南
			1♠
不叫	**2◇**	不叫	**3♠**
不叫	**4♠**	不叫	**6♠**
全不叫			

防守你的黑桃小满贯，西家首攻♣Q。你有两个潜在的输墩，一个红心和一个梅花。处理掉其中一个(或两个)输墩的唯一可行方案就是树立明手的方块套。为了实现这一目标，明手的进张非常宝贵，因此你应该用南家的 A 赢进梅花首攻。

假设你接下来连打三轮将牌，浪费了明手的♠A 这一进张。你可以出方块 A 和 K，并将吃一轮方块，但除非方块是 3-3 分布，否则你将打宕定约。更好的方案是只用黑桃 K 清一轮将牌，接着就出方块 A 和 K，并将吃第三轮方块(如果东家跟出，就大将吃)。这门花色是 4-2 分布，但现在你的明手还留有两个进张。你出♠A 过桥并再次将吃方块，建立起这门花色的长套赢墩。在清光东家的最后一张将牌后，你可以用♣K 进入明手，在第十三张方块下垫掉你的一个输张。满贯完成！

习题 17

♠2
♡A Q
◇A J 8 4 3
♣A J 7 3 2

首攻♣10

♠A K Q J 10 8
♡J 10 9 8 3
◇7
♣6

西	北	东	南
			1♠
不叫	2◇	不叫	2♡
不叫	3♣*	不叫	4♡
不叫	6♡	不叫	6♠
全不叫			

西家首攻♣10,你计划如何完成 6♠?

习题 18

♠8 5 2
♡J 6 4
◇10 9 7
♣A Q 10 3

首攻♡10

♠A Q J
♡A K Q
◇A J 4
♣K J 5 2

西	北	东	南
			2♣
不叫	2◇	不叫	3NT
不叫	6NT	全不叫	

防守你的小满贯，西家首攻♡10。你的做庄计划是什么？

习题 19

	♠K J 7 6 4 ♡6 ◇10 4 3 ♣Q 9 8 2	
首攻◇K	N W E S	
	♠A ♡A K Q J 10 5 3 2 ◇A 6 ♣A 7	

西	北	东	南
3◇	不叫	不叫	6♡
全不叫			

防守你的小满贯，西家首攻◇**K**，东家跟◇**2**。你计划如何完成定约？

习题 20

	♠10 6 ♡J 5 ◇A K Q 10 6 ♣A K J 6
首攻♡3	
	♠K Q J 9 5 4 ♡10 8 2 ◇J 7 5 ♣8

西	北	东	南
		1♡	2♠
不叫	4♠	全不叫	

西家首攻♡3 到东家的 A，回攻◇3。你如何解读现在的局势？你有何应对之策？

解答 17

♠3
♡A Q
◇A J 8 4 3
♣A J 7 3 2

♠4
♡K 7 6 2
◇Q 10 9 6 2
♣10 9 5

♠9 7 6 5 2
♡5 4
◇K 5
♣K Q 8 4

♠A K Q J 10 8
♡J 10 9 8 3
◇7
♣6

西	北	东	南
			1♠
不叫	2◇	不叫	2♡
不叫	3♣*	不叫	4♡
不叫	6♡	不叫	6♠
全不叫			

经过一个略显粗糙的叫牌进程，你叫到6♠。西家首攻♣10，你计划如何完成定约？

假设你用♣A赢进首攻并连清五轮将牌。在很好的防守下，你的定约将会宕掉。如果你接下来出红心A和Q，西家将忍让K。你只能用你的最后一张将牌将吃回手，由于手中再无进张，树立红心将毫无意义。

那么在清将之前先出红心A和Q怎么样？也不是什么好打法。西家赢进后将打出第三轮红心，让他的同伴超将吃明手。

如实际牌张分布时，在清将时垫掉明手的♡A和♡Q就很好。随后你可以出♡J顶出♡K，并声称刚好完成。但如果红心是5-1分布，这条路线将会失败——你还要在这门花色的第五轮上丢掉一墩牌。因此最好的打法是在清将之前先兑现♡A，随后你可以在第二轮将牌时垫掉♡Q，你手中持有的♡J-10-9-8将百分之百确定可以再取得三墩红心。

解答18

	北	
	♠8 5 2 ♡J 6 4 ◇10 9 7 ♣A Q 10 3	
西 ♠7 6 4 ♡10 9 8 2 ◇Q 6 5 ♣9 8 4		东 ♠K 10 9 3 ♡7 5 3 ◇K 8 3 2 ♣7 6
	南 ♠A Q J ♡A K Q ◇A J 4 ♣K J 5 2	

西	北	东	南
			2♣
不叫	2◇	不叫	3NT
不叫	6NT	全不叫	

西家首攻♡10，你在南家赢进，并注意到要完成定约需要一些运气。东家必须持有♠K和至少一张缺失的方块大牌。与此同时，你还需要明手有四个进张来完成黑桃和方块花色上的飞牌。你如何解决这些问题？

在第二墩时，你需要出♣K到明手的♣A。通过这样处理你的K，你可以提升明手在这门花色中剩余牌张的价值。两个防守方都跟出，你用♠Q飞牌成功。接下来你出♣5到明手的♣10，高兴的看到梅花是3-2分布。你再次飞黑桃成功，现在前景看起来已经明朗了许多。

你出♣J到♣Q，再次进入明手。当你出◇10飞过时，西家用Q

赢进,并安全地出黑桃脱手给你的 A。最后你出♣2 到明手的♣3 进行第二次方块飞牌。飞牌成功后,你将满贯收入囊中(你可以调换前两轮梅花的出牌次序,先出♣5 到明手的♣10)。

如果梅花是 4-1 分布,你就无法承受在第三轮梅花上用大牌超吃大牌。你应该在第二轮梅花到明手后,出◇7 到◇J,赢得西家的回攻,用最后一个梅花进张到明手,引◇10,如果赢得,就从明手出黑桃飞牌,如果东家盖大牌,手上◇A 吃住后,再出方块到明手的 9,飞黑桃。

解答 19

北:
♠K J 7 6 4
♡6
◇10 4 3
♣Q 9 8 2

西:
♠9 5
♡7
◇K Q J 9 8 7 5
♣6 4 3

东:
♠Q 10 8 3 2
♡9 8 4
◇2
♣K J 10 5

南:
♠A
♡A K Q J 10 5 3 2
◇A 6
♣A 7

西	北	东	南
3◇	不叫	不叫	6♡
全不叫			

西家方块阻击叫后,两家不叫到你所在的南家。你如何判断同伴是否持有♣K? 你决定借助于一种古老的方式——叫到小满贯定约,并在同伴摊牌时,再看看他有没有♣K! 西家首攻◇K,明手摊牌,亮出了错误的黑花色 K。你计划如何完成这一满贯?

东家的◇2 证实了方块是 7-1 分布。如果东家同时持有三张将牌和♣K——看起来很可能是这样,你就可以投入他。你赢进方块首攻并兑现将牌 A 和 K，西家在第二轮示缺。你兑现♠A，随后出将牌 2 投入东家。不论是否乐意，他现在都只能送给你的明手进手。你牺牲了一个将牌赢墩，却换回了两墩。如果东家出黑桃脱手，你将得到黑桃 J 和 K，让你垫掉你的两个低花输张；如果东家出梅花脱手，将帮助你消灭一个梅花输墩，并使你能够用黑桃 K 垫掉手中所剩下的方块。

为什么我们会说东家很可能持有三张将牌呢？开阻击叫的人通常会有单张。如果是边花套的单张，他通常会首攻这一单张。西家的方块首攻暗示着他的单张很可能是将牌花色。当然还有另外一个理由，比起你联手持有六张的花色，他更可能是在你联手持有九张的花色上是单张。

解答 20

北：
♠10 6
♡J 5
♢A K Q 10 6
♣A K J 6

西：
♠8 2
♡K 7 3
♢9 8 4 2
♣9 5 3 2

东：
♠A 7 3
♡A Q 9 6 4
♢3
♣Q 10 7 4

南：
♠K Q J 9 5 4
♡10 8 2
♢J 7 5
♣8

西	北	东	南
		1♡	2♠
不叫	4♠	全不叫	

同伴将你的弱跳争叫加叫进局，西家首攻♡3 到东家的 A。东家回攻♢3，你计划如何做庄？

不难解读现在的局势。东家一定持有单张方块，并希望获得一个方块将吃。假设你只是简单地赢进方块并转而出将牌，东家将用将牌 A 赢进，出红心让西家的 K 进手(东家第一轮出♡A 已经告诉了你西家持有♡K)。方块将吃将会击沉定约。现在的问题是：对此你有何对策吗？

西家进手的唯一途径是红心，你的目标就是破坏这一联通。兑现梅花 A 和 K，垫掉你手中一张红心；接下来出梅花 J，再垫掉你的最后一张红心。东家不得不赢进这一墩牌(无需惊讶，因为他开叫了，已标明持有♣Q)，现在由安全的一方进手出牌了。由于现在已无法进入西家，防守方无法获得方块将吃，你得以完成定约。本牌例中的"进张管理"涉及到了防守方的进张，你设法使他们陷于不利！

再回顾一下所发生的事情。你用一个梅花输张交换了一个红心输张。这样做之所以能够对你提供帮助，是因为西家可以在第二轮红心中进手，但只有东家才能够盖过♣J。

习题 21

♠Q 6 3
♡9 7 6
◇10 6 3
♣A J 10 5

首攻◇K

♠K 7 5
♡A K Q 10 4 3
◇A
♣9 6 2

西	北	东	南
			1♡
1♠	2♡	不叫	4♡
全不叫			

防守你的红心成局定约，西家首攻◇K。你如何规划做庄路线？(将牌不是 4-0 分布。)

习题22

♠A 9 6
♡10 6 2
◇J 7
♣A 6 5 3 2

首攻♠K

♠8 4
♡A K 4
◇A 10 5 3
♣K Q 9 7

西	北	东	南
			1NT
3♠	3NT	全不叫	

防守你的 3NT 定约，西家首攻♠K。你预见到可能有哪些问题吗？你如何做庄？

习题 23

♠J 9 8
♡A 9 7 3
◇J 8 4
♣7 5 2

首攻♡Q

♠A K Q 10 3
♡6
◇A K Q 7
♣A K 6

西	北	东	南
			2♣
不叫	2◇	不叫	2♠
不叫	3♠	不叫	4NT
不叫	5♣*	不叫	7♠
全不叫			

防守你的大满贯(叫得有些鲁莽),西家首攻♡Q。你计划如何做庄?

习题24

	♠A Q J 4 ♡— ♢A K Q 9 7 2 ♣A 7 4
首攻♡K	N W E S
	♠K 9 7 2 ♡10 5 ♢8 6 5 3 ♣10 6 3

西	北	东	南
4♡	加倍	不叫	4♠
不叫	6♠	全不叫	

防守你的黑桃小满贯，西家首攻♡K。你计划如何取得十二墩牌？

解答 21

	♠Q 6 3 ♡9 7 6 ◇10 6 3 ♣A J 10 5	
♠A J 10 9 2 ♡5 ◇K Q J 9 4 ♣8 4	N W E S	♠8 4 ♡J 8 2 ◇8 7 5 2 ♣K Q 7 3
	♠K 7 5 ♡A K Q 10 4 3 ◇A ♣9 6 2	

西	北	东	南
			1♡
1♠	2♡	不叫	4♡
全不叫			

防守你的红心成局定约，西家首攻◇K，你用单张A赢进。将牌看起来不太会有输墩，但你在两门黑花色上还各有两个输墩。梅花你可以采用双飞，即使都飞不中，你还可以用剩余的一张梅花大牌垫掉一张黑桃。现在的问题是：在你能够用长梅花垫牌之前，你如何阻止防守方先取得两墩黑桃？

你应该清三轮将牌后引出♣9。如果西家盖上大牌，你的问题就迎刃而解：你可以用♣A赢进并继续出第二轮梅花顶出剩下的大牌。这样你将得到六墩红心、一墩黑桃、两墩梅花和一墩方块。当牌张实际分布如牌型表中所示时，♣9将会飞给东家的Q(或K)赢进。他回攻♠8，现在到了这副牌的关键点——如果你在这墩牌上从手中放小，西家也会出小逼出明手的♠Q；当第二次梅花飞牌失败后，东家将再打黑桃穿梭你手中的K-×，你会丢掉两墩黑桃，定约宕一。

为了切断防守方的联通，你必须在第一墩黑桃时上♠K。西家不能忍让，否则你将取得两墩黑桃。如果他用 **A** 赢进并继续回黑桃，当梅花飞失给东家时，他已没有黑桃可出。

解答22

	♠A 9 6 ♡10 6 2 ◇J 7 ♣A 6 5 3 2	
♠K Q J 10 5 3 2 ♡J 8 5 ◇K 9 ♣10	N W E S	♠7 ♡Q 9 7 3 ◇Q 8 6 4 2 ♣J 8 4
	♠8 4 ♡A K 4 ◇A 10 5 3 ♣K Q 9 7	

西	北	东	南
			1NT
3♠	**3NT**	全不叫	

防守 **3NT** 西家首攻♠**K**。匆匆一瞥好像梅花只要不是 **4-0** 分布，九墩牌就是铁的。再仔细看看！即使梅花是 **3-1** 分布也会有问题，因为明手的四张小梅花比暗手的两张都小。这意味着在第四轮梅花时，你将不得不由南家赢进，而无法过到明手兑现最后一墩梅花。有何对策吗？

解决方案是忍让两轮黑桃，即使叫牌已经显示东家不会持有多于两张黑桃。你的目的是将♣**9** 或♣**7** 垫在明手的黑桃 **A** 下。采取这样明智的行动后，你将毫无问题地取到五墩梅花（除非梅花是 **4-0** 分布）。

假设西家是一个天才，分析出了你的问题所在，并在第二墩时换攻一张红心或梅花。你将会和他同样高明的做庄，赢进他的换攻后自己主动让送第二轮黑桃。无论接下来他做什么，你都可以兑现梅花 K、Q 和 A，随后用♠A 垫掉暗手给你带来麻烦的最后一张梅花。

解答 23

	北	
	♠J 9 8 ♡A 9 7 3 ◇J 8 4 ♣7 5 2	
西 ♠6 4 ♡Q J 10 4 ◇10 6 2 ♣Q 10 9 3	N W E S	东 ♠7 5 2 ♡K 8 5 2 ◇9 5 3 ♣J 8 4
	南 ♠A K Q 10 3 ♡6 ◇A K Q 7 ♣A K 6	

西	北	东	南
			2♣
不叫	2◇	不叫	2♠
不叫	3♠	不叫	4NT
不叫	5♣*	不叫	7♠
全不叫			

南家没有理由认为他的低花输墩可以凭空消失，但他还是叫到了 7♠。“我喜欢享受我的桥牌，”他事后解释说。西家首攻♡Q，你计划如何完成大满贯？

如果你研究南家手中的输张，情况并不妙。明手的◇J 可以解决你的方块输张，但梅花输墩如何处理？下面换一个视角，坐在北家的位置上。北家有三个红心输墩，都可以用南家的将牌将吃；还有一个梅花输墩，可以垫在第四轮方块下。看起来好多了！通过反明手打法——让长将牌将吃三次红心，看起来取得十三墩能够实现。

具体的打牌路线如何进行？你赢进红心首攻并用♠A将吃一次红心，留着你的小将牌用于后期过桥到明手；出◇J过桥，用♠K再将吃一次红心。现在打牌路线对你来说已经很清晰，出♠3到明手的♠8，并用♠Q将吃第三次红心，这使你可以用剩下的♠10过桥到明手的♠J。在这一墩时，你祈祷将牌是3-2分布。如你所愿，将牌正分。你清光东家的最后一张将牌，并声称得到余下的所有赢墩，将大满贯收入囊中。

你还记得那句古老的格言么？——防守大满贯定约总是首攻将牌。如果西家遵从这个建议，定约将无法完成！

解答 24

♠A Q J 4
♡—
♢A K Q 9 7 2
♣A 7 4

♠5
♡A K Q J 8 6 3
♢10 4
♣Q J 2

♠10 8 6 3
♡9 7 4 2
♢J
♣K 9 8 5

♠K 9 7 2
♡10 5
♢8 6 5 3
♣10 6 3

西	北	东	南
4♡	加倍	不叫	4♠
不叫	6♠	全不叫	

防守你的黑桃小满贯,西家首攻♡K。你用明手的♠4 将吃,然后……你真的这样做了吗?果真如此,你就已经打宕了定约。在兑现将牌 A、Q 和 J 后,没有进手能够回到南家清光最后一张将牌。转而出方块套也不会对你有所帮助,东家将会将吃第二轮方块,防守方还可以得到一墩红心。

为了防范东家持有♠10-×-×-×, 你应该令人叹为观止地用明手的♠A 将吃红心首攻! 当你兑现将牌 Q 和 J, 发现将牌偏分时,你就可以打出珍贵的♠4 到♠9 进行飞牌。随后你清光东家的最后一张将牌,最终取得四墩将牌、六墩方块、♣A 和一墩红心将吃——精彩的十二墩牌。在第一轮时用大将牌将吃,不会有任何损失。如果西家原始持有♠10-×-×-×,你无论如何也无法完成满贯。

在翻开下一页之前,请注意你在同伴加倍 4♡后选择叫牌是一个多么棒的决定。此时的加倍通常都对打黑桃定约有兴趣。如果你在 4♡加倍后选择不叫来惩罚敌人,敌人的红心成局定约是铁牌!

习题 25

	♠6 ♡Q 9 5 ◇A J 7 ♣A J 10 9 7 3
首攻◇2	N / W E / S
	♠A 8 4 2 ♡K 6 ◇K Q 10 9 6 5 ♣4

西	北	东	南
			1◇
不叫	2♣	不叫	2◇
不叫	3♠*	不叫	4NT
不叫	5♡*	不叫	6◇
全不叫			

西家首攻调将,你计划如何完成 6◇?

习题 26

♠J 6
♡9 8 7 5 2
◇Q 8 5
♣K 7 4

首攻◇J

♠A Q 9 8 5 4 2
♡A K 10
◇A K
♣A

西	北	东	南
			2♣
不叫	2◇	不叫	2♠
不叫	2NT	不叫	3♠
不叫	4♣	不叫	6♠
全不叫			

防守你的黑桃小满贯，西家首攻◇J。你计划如何做庄？

习题 27

♠A Q 10
♡8 3 2
◇9 7 5 4 3
♣J 4

首攻♣10

♠K 5 3
♡A K 7
◇A K J 8
♣A K 2

西	北	东	南
			2♣
不叫	2◇	不叫	3NT
不叫	6NT	全不叫	

防守 6NT 西家首攻♣10。你不抱太大希望的从明手出♣J，接连被 Q 和 A 盖吃。当你兑现◇A 时，西家示缺。你将如何继续？

习题 28

	♠K Q 3 ♡10 4 ◇A K 9 7 4 2 ♣9 4
首攻♣Q	
	♠A 9 7 6 4 2 ♡A 7 6 5 3 ◇5 ♣A

西	北	东	南
	1◇	不叫	1♠
不叫	2◇	不叫	2♡
不叫	3♠	不叫	4NT
不叫	5♠*	不叫	6♠
全不叫			

是的，联手只有 24 个大牌点，但这是一个合格的满贯定约。西家首攻♣Q，你如何规划做庄路线？

解答 25

	♠6 ♡Q 9 5 ◇A J 7 ♣A J 10 9 7 3	
♠K J 9 5 ♡10 8 3 ◇8 2 ♣Q 8 6 2	N W E S	♠Q 10 7 3 ♡A J 7 4 2 ◇4 3 ♣K 5
	♠A 8 4 2 ♡K 6 ◇K Q 10 9 6 5 ♣4	

西	北	东	南
			1◇
不叫	2♣	不叫	2◇
不叫	3♠*	不叫	4NT
不叫	5♡*	不叫	6◇
全不叫			

防守你的方块小满贯，西家首攻调将。你如何规划做庄路线？

你有一个确定的红心输张，在首攻调将后，已无法将吃掉全部的三个黑桃输张。因此你必须致力于树立明手的梅花套。在赢进将牌首攻后，你兑现梅花 A 并将吃一次梅花，K 从东家跌落。接下来，你要打出至关重要的一张牌——从手中出♡K。

东家只有两种都会失败的选择。我们首先假设他用♡A 赢进并回攻将牌，这将去掉明手的一个进张，但与此同时明手的♡Q 成为了新的进张。你在明手赢进第二轮将牌，再次将吃梅花；随后你出红心到明手的♡Q，再将吃一轮梅花，树立好这门花色。最后，你通过将吃黑桃进入明手，用已经建立好的梅花垫掉另外两个黑桃输张。

现在让我们来看看如果东家持♡A忍让，不为明手制造出进张时的情况。你出第二轮将牌过桥到明手,引出♣J,垫掉手中仅余的红心!现在梅花套已经树立好,你用一个梅花输墩交换了一个红心输墩。你赢进西家的回攻,将吃一个黑桃进入明手,用明手的梅花赢墩垫掉手中剩余的黑桃输张。

在西家持有♣K-×或者♣Q-×时，做庄路线类同；当梅花是3-3分布时,你也将轻松完成定约。在西家持有♣K-Q-×-×时,你只有采用双明手打法才能够成功——你需要出黑桃到♠A过桥,朝明手引小梅花,如果西家放小就用♣J飞过。

解答 26

	♠J 6 ♡9 8 7 5 2 ◇Q 8 5 ♣K 7 4		
♠7 ♡Q 4 3 ◇J 10 9 4 ♣J 10 8 3 2	N W E S	♠K 10 3 ♡J 6 ◇7 6 3 2 ♣Q 9 6 5	
	♠A Q 9 8 5 4 2 ♡A K 10 ◇A K ♣A		

西	北	东	南
			2♣
不叫	2◇	不叫	2♠
不叫	2NT	不叫	3♠
不叫	4♣	不叫	6♠
全不叫			

北家的 4♣是显示黑桃配合的扣叫。西家首攻◇J,你计划如何完成这一黑桃小满贯?

你赢进方块首攻后解封♣A,如果你能够进入明手,就可以用♣K 垫掉一个红心输张。一种可能是简单对着黑桃 J 引小黑桃。如果西家持有♠K,你就能够进入明手——但这只有 50%的机会。

直接从手中出♠Q 将为你带来更好的机会。如果有防家用♠K 赢进,明手的♠J 就将成为一个进张。显然当♠K 是单张时,防守方别无选择;当 K 是双张时,忍让的代价就是在第二轮将牌时会被♠A 击落。如果一个防守人持有♠K-×-×并拒绝赢进 Q,将如何发展变化?在这种情况下也并不意味着你注定失败!当牌张分布如牌型表中所示时,东家会忍让你的♠Q,西家在兑现♠A 时示缺。现在你兑现另一张方块大牌和两个红心顶张, 随后出将牌投入给东家的 K，东家已没有红心可出！他将陷入终局——被迫送给明手一个进张。

解答 27

	♠A Q 10 ♡8 3 2 ♢9 7 5 4 3 ♣J 4	
♠J 9 8 7 4 ♡Q 10 6 ♢— ♣10 9 8 7 5	N W E S	♠6 2 ♡J 9 5 4 ♢Q 10 6 2 ♣Q 6 3
	♠K 5 3 ♡A K 7 ♢A K J 8 ♣A K 2	

西	北	东	南
			2♣
不叫	2♢	不叫	3NT
不叫	6NT	全不叫	

希望他的方块套会有作用，北家加叫至 6NT。西家首攻♣10，无论你明手是否出♣J，你都会手上赢进第一墩。当你兑现♢A 时，西家示缺。现在怎么办？

为了取得你所需要的五墩方块，你必须过桥进入明手三次——两次用来飞方块，一次用来兑现方块赢墩。理论上讲，如果你能击落东家的双张♠J，就可以在第三轮黑桃上出小到 10，从而在黑桃花色中变出三个进张。但很显然，飞西家的♠J 有更好的机会。

在第三墩时，你用明手的♠A 超吃♠K，只是为了预防东家持有单张♠J。接着你用♢8 飞牌(如果你尝试出♢9，东家将盖打)。现在你要神经坚强的进行一次原本并不需要的黑桃飞牌，来为明手创造一个额外的进张。出黑桃到10，飞牌成功了！你用◇J飞牌，兑现◇K，并用♠Q再次进入明手去兑现方块长套赢墩。既有好运又富技巧，你取得了十二墩牌。

（清注意第一轮出小到♠Q不是一个好打法。当你接下来引出剩余的那张小牌，想用明手的♠10飞过时，西家可以冲上♠J来挫败你的计划。你不得不用♠A赢进，将你明手的进张限制为两个。）

解答28

	北	
	♠K Q 3 ♡10 4 ◇A K 9 7 4 2 ♣9 4	
西 ♠J 10 8 ♡K 2 ◇10 3 ♣Q J 10 7 6 2		东 ♠5 ♡Q J 9 8 ◇Q J 8 6 ♣K 8 5 3
	南 ♠A 9 7 6 4 2 ♡A 7 6 5 3 ◇5 ♣A	

西	北	东	南
	1◇	不叫	1♠
不叫	2◇	不叫	2♡
不叫	3♠	不叫	4NT
不叫	5♠*	不叫	6♠
全不叫			

防守6♠，西家首攻♣Q。你红心套中有四个输张，但你只能允许丢一墩牌。为了实现目标，你必须树立起一门红花色。如果你选择树立红心，让明手将吃，你的机会很小，需要红心3-3分布。树立明手的方块套更有前途，只要方块不坏于4-2

分布就能完成。

由于你最后需要利用将牌作为进手来兑现已经树立好的方块,因此你应该在清将之前,先动方块。让我们先来看如果你赢进梅花首攻后,用◇A 过桥并将吃一次方块,后续将如何发展变化。当你兑现将牌 A 和 K 时,发现不是 2-2 分布。你尝试再次将吃方块,在方块是 3-3 分布或者西家持有四张方块时,你仍然可以完成定约。不幸的是,西家在第三轮方块时超吃,定约宕一。

为了安全树立方块套,特别是在西家持有双张时,就需要采用一种不寻常的处理。你必须忍让第一轮方块!这将使你能够通过将吃第二轮方块(不会被超将吃)而不是第三轮来树立好这门花色。

在第二墩你应该用 A 清一轮将牌,来验证将牌不是 4-0 分布。当两位防守人在第一轮将牌上都跟出时,你就可以让送一轮方块。东家赢进后回攻红心到你的 A,你用将牌 K 过桥,将吃一轮方块——由于这仅仅是这门花色的第二轮,西家还有方块。现在方块套已经树立,你用♠Q 过桥进入明手,与此同时也清光了西家的最后一张将牌,用建立好的方块赢墩垫掉你全部四个红心输张。

如果将牌是 4-0 分布该怎么办?在方块是 3-3 分布时,你同样可以成功。你不再让送方块,而是用◇A 过桥并将吃一次方块。用第二轮将牌回到明手,你连续兑现已经建立好的方块赢墩,直至防守方将吃。随后你可以赢进他的回攻,用第三轮将牌过桥进入明手,同时清光外面的最后一张将牌,来享用剩余的方块赢墩。

习题 29

♠4 3
♡Q 6 3
◇K Q 10 9 6
♣A 10 3

首攻♣K

♠A J 8
♡A K J 10 5 2
◇A
♣J 9 2

西	北	东	南
			1♡
不叫	2◇	不叫	3♡
不叫	4♣	不叫	4◇
不叫	4♡	不叫	6♡
全不叫			

西家首攻♣K，你计划如何完成这一满贯？

习题 30

North:
♠7 6 4
♡A 10 8
◇8 6 2
♣J 10 8 7

首攻♠2

South:
♠A 9 3
♡K Q 5 2
◇A K 4
♣A 9 6

西	北	东	南
			2NT
不叫	3NT	全不叫	

防守 3NT 定约，西家首攻长四♠2。你计划如何完成定约？

习题 31

♠9 5 4 2
♡Q 10 9
◇9 7 6
♣K 6 4

首攻♣Q

♠A K Q J 10 8
♡A J 4
◇K 3
♣8 5

西	北	东	南
			1♠
不叫	2♠	不叫	4♠
全不叫			

你在前两轮梅花时从明手放小，西家继续打出第三轮梅花，东家用 A 盖吃明手的 K。你如何继续？

习题 32

	♠7 2 ♡A K 4 ◇J 6 4 2 ♣A J 5 2	
首攻◇10	N W E S	
	♠A Q J 10 8 4 ♡Q J 8 7 2 ◇5 ♣4	

西	北	东	南
			1♠
不叫	**2♣**	不叫	**2♡**
不叫	**3◇***	不叫	**3♡**
不叫	**4♡**	全不叫	

防守方首攻并连出方块。显然只有当♠K 的位置不对,且有一门高花是 4-1 分布时,定约才有问题。你的做庄计划是什么?

解答 29

	♠4 3 ♡Q 6 3 ♢K Q 10 9 6 ♣A 10 3	
♠K 10 6 2 ♡— ♢J 8 7 5 4 ♣K Q 6 4	N W E S	♠Q 9 7 5 ♡9 8 7 4 ♢3 2 ♣8 7 5
	♠A J 8 ♡A K J 10 5 2 ♢A ♣J 9 2	

西	北	东	南
			1♡
不叫	2♢	不叫	3♡
不叫	4♣	不叫	4♢
不叫	4♡	不叫	6♡
全不叫			

防守你的小满贯西家首攻♣K，明手摊下来的牌显示出这是一个机会绝佳的满贯。此时此刻，你需要思考的是如何防范可能存在的恶劣分布。

实战中的庄家出得太快了。他能数出十一个大牌赢墩（六墩将牌、三墩方块和两个黑花色的A），在首攻♣K后，只需建立起一墩梅花，就有第十二墩牌了。可能出什么岔子呢？

庄家很快就发现了问题。他用A赢进梅花首攻，暗手跟小。随后他出将牌到A，发现将牌是4-0分布。现在已经无法在兑现三个方块赢墩之前清光将牌了。庄家解封♢A，并用♡Q过桥。打出♢K时两个防守方都跟出了方块，庄家垫掉他的一个黑桃输张；当他继续出♢Q时，东家将吃，定约已无药可救。

在第一墩用♣A赢进时，你必须解封暗手的♣J。在清四轮将牌之后，你兑现♢A，朝明手的♣10引小牌。没有什么能够阻止你进入明手，享用两个方块赢墩。

解答30

	♠7 6 4 ♡A 10 8 ♢8 6 2 ♣J 10 8 7	
♠Q 10 8 2 ♡J 7 4 3 ♢Q 7 ♣Q 4 3	N W E S	♠K J 5 ♡9 6 ♢J 10 9 5 3 ♣K 5 2
	♠A 9 3 ♡K Q 5 2 ♢A K 4 ♣A 9 6	

西	北	东	南
			2NT
不叫	3NT	全不叫	

防守3NT定约，西家首攻长四♠2。如果西家是一位诚实的公民、首攻值得信赖，你应该在第一轮黑桃上就用A赢进。此时，你有七个大牌赢墩，寄希望于取到第四轮红心和一个额外的低花赢墩。

孤立地看红心套，最好的打法是连出三轮大牌，希望红心J被击落。这种打法比用♡10飞牌稍微好一点。但在此处如果用♡10飞牌成功，将提供给你进入明手的第二个进张，这样你就能够在梅花套中采用最好的打法——双飞。

实际上这是最优的组合打法。如果♡10飞牌成功，除非西家同时持有两张梅花大牌，你都将完成定约。你成功机率大约是40%左右。

假设你先兑现红心大牌。如果♡J是双张被击落，你同样可以进行两次梅花飞牌；如果红心是 **3-3** 分布，明手就只有一个进张，从而只能从明手朝暗手出一次梅花。此时你需要东家同时持有梅花两张大牌，或是持有单张或双张大牌。这条路线的成功机率约为 **30%**——不尽如人意。

解答 31

北：
♠9 5 4 2
♡Q 10 9
♢9 7 6
♣K 6 4

西：
♠7
♡8 5 3
♢Q J 5 4 2
♣Q J 10 3

东：
♠6 3
♡K 7 6 2
♢A 10 8
♣A 9 7 2

南：
♠A K Q J 10 8
♡A J 4
♢K 3
♣8 5

西	北	东	南
			1♠
不叫	2♠	不叫	4♠
全不叫			

防守你的黑桃成局定约，西家首攻♣**Q**。你从明手出小，当防守方续攻♣**J** 时，你依然放小。西家继续打出第三轮梅花，东家用 **A** 盖吃明手的 **K**。你计划如何做庄？

你必须用大将牌将吃，保留你的♠**8** 能让明手进手。接下来你用将牌 **A** 和 **9** 清两轮将，用掉了明手的唯一一个进张。你需要东家同时持有♡**K** 和♢**A**。但即使分布确实如此，你怎样合理地安排打法来完成这一系列的飞牌呢？

你应该首先引♡**Q**。如果东家盖上♡**K**，一切都容易了——你可以用♡**10** 再次进手并跳方块。假设相反东家放小，你需要解封暗手的♡J。你继续出♡10，同样的，如果东家盖上，你赢进后还可以用红心过桥再次进入明手。假设东家继续放小，你就可以跟出♡4（感谢之前解封了♡J）。出牌权还在明手，现在你可以跳♢K了。

请注意在第一轮红心飞牌时起♡10并不是一个好的打法。东家随后可以用♡K盖打♡Q，你将无法回到明手来跳♢K。

解答32

北：♠7 2 ♡A K 4 ♢J 6 4 2 ♣A J 5 2

西：♠K 9 3 ♡5 ♢10 9 8 3 ♣Q 10 9 6 3

东：♠6 5 ♡10 9 6 3 ♢A K Q 7 ♣K 8 7

南：♠A Q J 10 8 4 ♡Q J 8 7 2 ♢5 ♣4

西	北	东	南
			1♠
不叫	2♣	不叫	2♡
不叫	3♢*	不叫	3♡
不叫	4♡	全不叫	

正如所见到的，4♠定约更好。防守你的红心成局定约，西家首攻♢10。你将吃第二轮方块，用♡A过桥并用♠Q飞牌。西家用K赢进，并打出第三轮方块再次逼迫你将吃。现在怎么办？

你已经被缩减至只剩三张将牌。如果防守方的将牌是3-2分布，你可以清光将牌并超一。为了防范将牌4-1分布，你需要转而兑现你的黑桃赢墩。在牌张的实际分布下，两个防守人在第二轮都跟出了黑桃；你继续兑现第三轮黑桃，垫掉明手的最后一张方块——定约已经安全了。东家将吃并回出方块，但你可以用明手的♡K 将吃(避免将牌上的堵塞)。随后你可以出♡4 到暗手的♡Q，清光将牌并声称取得十墩。

看起来你为了防止将牌 4-1 分布所付出的代价是在黑桃 4-1 分布(而将牌是 3-2)时失败，但其实在黑桃 4-1 分布时你也不一定就会宕掉。假设东家原始持有单张黑桃，他会将吃第二轮黑桃，并再次出方块逼将。此时如果东家原始持有三张将牌而不是双张，你仍然可以完成定约。你用♡J 将吃，用你剩下的单张♡Q 清光外面的两张将牌，然后兑现剩余的黑桃赢墩。

习题33

北：
♠9 2
♡8 5
◇K 7 6 5 4 3 2
♣8 6

首攻♣3

南：
♠A J 4
♡A Q 7 4
◇A 10 8
♣K Q 5

西	北	东	南
			2NT
不叫	3NT	全不叫	

你叫到了 3NT，西家首攻♣3，东家出♣10。你计划如何完成定约？

习题34

♠10 9 7 3 ♡5 2 ◇10 3 2 ♣A J 9 2
首攻♠K
♠A ♡A K Q J 10 9 7 ◇9 7 6 4 ♣K

西	北	东	南
		3◇	4♡

全不叫

东家阻击 3◇，由于你的牌太好，叫 3♡ 有些委屈，你选择了直接争叫 4♡。西家首攻♠K，你计划如何完成这一红心成局定约？

习题 35

♠10 8 3
♡K Q 10 2
♢7 5
♣Q J 8 3

首攻♢2

♠A K 5
♡J 9 4
♢A K Q J 10 6
♣A

西	北	东	南
			2♣
不叫	**2NT**	不叫	**6♢**
全不叫			

你总觉得叫到满贯定约有三声叫牌已经足够了。西家首攻小将牌，你计划如何完成定约？

习题 36

	♠Q 3 ♡5 ◇A K 9 8 5 3 2 ♣8 6 3
首攻♣2	N W E S
	♠A 6 ♡A K Q J 10 6 ◇7 ♣A K 7 5

西	北	东	南
			2♣
3♠	4◇	不叫	6♡
全不叫			

你们再一次只用三声叫牌就到达了满贯定约。西家首攻♣2,东家出♣9,你计划如何完成6♡?

解答33

北：
♠9 2
♡8 5
♢K 7 6 5 4 3 2
♣8 5

西：
♠K 10 6
♡J 9 3
♢Q 9
♣A J 9 3 2

东：
♠Q 8 7 5 3
♡K 10 6 2
♢J
♣10 7 4

南：
♠A J 4
♡A Q 7 4
♢A 10 8
♣K Q 5

西	北	东	南
			2NT
不叫	**3NT**	全不叫	

防守 **3NT**,西家首攻♣**3**,东家跟出♣**10**。只有在梅花是 **6-2** 分布时,忍让才有意义,但西家首攻的号码 **3** 已经排除了这种分布的可能。因此你赢进第一墩。现在如何继续?

即使方块是 **2-1** 分布,这门花色仍然存在危险,将会在第三轮发生阻塞。为了防止阻塞,你需要在第一轮或第二轮时忍让。在当前局势下,你希望让送这一墩给西家,从而梅花还能受到保护。你是应该出♢**10**,打算让送第一轮;还是出方块 **A**、方块小,计划在第二轮忍让呢?

在西家持有♢**Q-J** 或♢**Q-J-9** 时,两条路线都能成功。当西家持有单张♢**Q** 时(单张♢**J** 不行,因为此时东家可以超吃),忍让第一轮方块能够取得成功;当西家持有♢**Q-9** 或♢**J-9** 时,先兑现 **A** 再忍让第二轮可以成功。可以看出这两种打法成功的机率有两倍的差异。因此你应当在赢进第一轮梅花后,兑现♢**A** 续出小方块,在西家出♢**Q** 时忍让。

解答 34

北：
♠10 9 7 3
♡5 2
◇10 3 2
♣A J 9 2

西：
♠K Q J 8 4
♡6 3
◇—
♣Q 10 8 7 5 4

东：
♠6 5 2
♡8 4
◇A K Q J 8 5
♣6 3

南：
♠A
♡A K Q J 10 9 7
◇9 7 6 4
♣K

西	北	东	南
		3◇	4♡

全不叫

西家首攻黑桃 K，你计划如何完成定约？

你很希望能够取得七墩红心和三个黑花色中的顶张大牌，但不幸的是你的梅花赢墩是阻塞的，也没有任何边花进张能够进入明手来帮你解开这一死局。叫牌显示出方块是 6-0 分布，你能够如何利用这一已知的信息呢？你假设西家持有♠K-Q-J，如果他还同时持有♣Q——从西家持有一门花色中的 10 个点却开叫阻击来看，这点确信无疑——你就能够对他实施终局打法。

赢进黑桃首攻之后，调两轮将清光王牌。接下来你用明手的 A 超吃暗手的梅花 K，然后打出♠10，从手中垫掉一张方块。西家用♠J 赢进，当然他依然回不出方块。如果他继续出♠Q，你就再垫掉手中一张方块；如果西家接着打出♣Q，你再一次垫方块。现在他只能出黑花色送给明手一墩牌了。西家唯一的其他选择就是出一张小梅花。但对于你来说这并不构成一个猜断，因为如果东家持有♣Q，你将无法完成定约。因此你一定会上明手的♣J。由于你能够在这一墩上垫掉一张方块，还可以在已经建立好的♠9 上垫掉另一张方块,你将会取得一个超墩!

（即使西家原始持有♡8-×-×,在最好的防守下,希望用第三张将牌投入西家的另一条做庄路线也无法取得成功。因为西家可以在第一或第二轮将牌时扔掉♡8来解封。）

解答 35

♠10 8 3
♡K Q 10 2
◇7 5
♣Q J 8 3

♠Q 9 6 4
♡8 7 5
◇8 4 2
♣9 7 4

♠J 7 2
♡A 6 3
◇9 3
♣K 10 6 5 2

♠A K 5
♡J 9 4
◇A K Q J 10 6
♣A

西	北	东	南
			2♣
不叫	2NT	不叫	6◇
全不叫			

放弃了申请最佳叫牌奖的机会，你在第二次叫牌时直接蹦到了你认为最可能完成的定约。西家首攻小将牌，你计划如何完成6◇？

假设你简单的清光将牌后出红心。除非♡A是双张，防守方都会忍让直到第三轮。你将无法处理暗手的黑桃输墩。你在清光将牌后换一条路，兑现♣A，用K盖打♡J。如果东家吃住，你将得到三墩红心，足以完成定约；如果他忍让，你就进入了明手，可以出♣Q进行将吃飞牌。如果东家跟小梅花，你就垫掉你的黑桃输张；如果他出♣K盖打，你就将吃后出红心到♡10。不论东家是否在这一轮上打出他的A，你都可以确保明手能够有一个进张，使你能够利用树立好的梅花J垫掉你的黑桃输张。

解答 36

	♠Q 3 ♡5 ◇A K 9 8 5 3 2 ♣8 6 3	
♠K J 10 9 7 4 2 ♡9 3 ◇J 10 4 ♣2	N W E S	♠8 5 ♡8 7 4 2 ◇Q 6 ♣Q J 10 9 4
	♠A 6 ♡A K Q J 10 6 ◇7 ♣A K 7 5	

西	北	东	南
			2♣
3♠	4◇	不叫	6♡
全不叫			

西家首攻♣2。事实是你发现叫到满贯毫无困难,但你是否能够把它做成?你可以用◇K 垫掉一个黑桃输墩,如果梅花是 3-3 分布,你就能完成定约。但这看上去实在希望渺茫,特别是在♣2 的首攻之后。

如果方块是 3-2 分布,你将能够树立起这门花色。但不幸的是,明手没有任何进张可以兑现这些长套赢墩。真的没有吗?如果你对一些奇特诡异的桥牌题目很熟悉的话,可能你已经发现如何能够在后期送给明手一个进手机会了。你赢进梅花首攻,并清四轮将牌。

接下来,你要兑现你的另外一个梅花顶张。当西家示缺时,你确知梅花不是平均分配。你用◇A 过桥,继续兑现◇K,并作出一个令人叹为观止的垫牌——♠A。将吃一次方块树立好这门花色,此时西家手中只剩下了黑桃。当你出♠6 朝明手引牌时,西家无法阻止你用♠Q 进入明手。因为即使他出了♠K,之后也只能再出黑桃。

后 记

至此,这一愉快的旅途到达了终点。我们非常享受撰写此书的过程,也衷心希望你能够享受阅读的过程。你所投入的时间精力是否值得？当然！如果你学习的是一本落满灰尘的双挤巨著,可能你需要等待数周甚至数月,才能够将所掌握的知识技巧付诸实践。但从某种程度上讲,进张管理几乎出现在你所遇到的每一副牌中。从庄家的角度理解这一主题,也同样可以帮助你更好的防守。即使你对这本书的感受是"抱歉,但我发现这本书很难",你的时间也一定不会白费。当你再一次坐在牌桌上时,你将会用全新的视角审视某些牌局。